障がい者スポーツ大百科❸

大きな写真でよくわかる

国際大会と国内大会

大熊廣明／監修
こどもくらぶ／編

はじめに

　2020年に開催される東京オリンピック・パラリンピックの成功に向けて、東京都は、「Be The HERO」と名付けた映像をつくりました。障がいの有無にかかわらずスポーツを楽しむこと、障がい者スポーツの魅力と感動の輪を広げようという目的で制作されたこの映像は、「アスリートだけではなく、応援する人もふくめ、スポーツをささえる一人ひとりがヒーローだ」というメッセージを伝えるものです。

　登場するスポーツは、車いすテニス、5人制サッカー（ブラインドサッカー）、陸上、ゴールボール、ウィルチェアーラグビーの5つ。それぞれの選手たちがプレーする姿を映像で魅力的に伝えています。さらに映像には、日本を代表する5人の漫画家がそれぞれのスポーツの絵をかき、ミュージシャンが曲を手がけ、声優が音声解説版の解説を担当しています。みな「すべての人をヒーローに」というよびかけに、手をあげ、協力したのです。

　障がいというハンディキャップをばねに、だれも通ったことのないきびしい道を進む選手たちは、障がいを克服するだけでなく、記録に挑戦すべくさらに壁をのりこえていきます。そうした選手たちのすがたが、見る人に感動をあたえ、勇気をあたえ、希望をあたえます。そして、選手を応援し、ささえるサポーターたちも、選手に勇気と力をあたえます。「すべての人をヒーローに」というメッセージは、たがいをはげましささえあう、ということでもあるのです。

　このシリーズは、障がい者スポーツについて4巻にわけて、さまざまな角度からかんがえようとする本です。パラリンピックがいつからはじまったのか？　そもそも障がい者スポーツはどうやって生まれたのか？　どんな競技があり、どんな大会があるのか？　知らないことがたくさんありそうですね。さあ、このシリーズで、障がい者スポーツについてしらべたり、かんがえたりしてみましょう。

　このシリーズは、つぎの4巻で構成されています。
①障がい者スポーツって、なに？
②いろいろな競技を見てみよう
③国際大会と国内大会
④挑戦者たちとささえる人たち

「Be The HERO」に登場する選手たちと、
漫画家たちがかいたスポーツの絵。

ウィルチェアーラグビー／
日本代表選手（池崎大輔）他 ©ちばてつや
ゴールボール／日本代表選手他 ©真島ヒロ
車いすテニス／国枝慎吾 ©浦沢直樹
陸上競技／高桑早生 ©窪之内英策
5人制サッカー／日本代表チーム ©高橋陽一

SUPPORTED BY TOKYO METROPOLITAN GOVERNMENT

もくじ

はじめに……………2

① 世界初の障がい者スポーツ国際大会は?……………4

② パラリンピックのすべて……………6

③ 肢体に障がいがある人たちの大会と歴史……………12

もっと知りたい!
日本の障がい者スポーツ発展に貢献した中村裕……………14

④ 視覚障がいのある人たちの大会と歴史……………16

⑤ 知的障がいのある人たちの大会と歴史……………18

もっと知りたい!
スペシャルオリンピックスの誕生秘話……………21

⑥ さまざまな国際大会……………22

⑦ おもな国内大会……………26

資料 日本障がい者スポーツ協会(JPSA)主催のいろいろな大会……………30

さくいん……………31

1 世界初の障がい者スポーツ国際大会は？

障がい者スポーツの競技大会のうち、世界で最初に開かれたのは、聴覚に障がいのある人たちのための大会でした。現在も「デフリンピック」という名前で、4年に1度開催されています。

聴覚に障がいのある人たちの歴史ある大会

障がい者スポーツのなかでも、聴覚に障がいのある人たちによるスポーツ活動は、はやくからはじまりました。聴覚障がいは、音が聞こえない（聞こえにくい）ことによる不便はありますが、運動にかかわる手や足のうごきという点においては、健常者とかわらないからです。1871年にはイギリスのグラスゴーでろうあサッカークラブが、1888年にはドイツで聴覚障がいのある人たちのスポーツクラブが誕生しました。

1924年、「国際ろう者スポーツ委員会（ICSD）*」が発足し、ICSDが主催する「世界ろう者競技大会」が開かれました。この大会は障がい者スポーツのもっとも古い国際大会で、フランスのパリでおこなわれ、9か国148人が参加しました。また、1949年にはオーストリアではじめての冬季大会もおこなわれました。

*ICSDは英語の略称。フランス語の略称であるCISSとよばれることもある。

● デフリンピック公式ロゴマーク

デフリンピックは「ろう者（Deaf）＋オリンピック（Olympics）」の造語。ロゴマークには、手の形が「OK」「GOOD」「GREAT」を意味するサインがかさねられていて、それが「結束」をあらわしている。

出典／パンフレット「ろう者のオリンピック　デフリンピック」より

第20回デフリンピック夏季大会の閉会式。拍手のかわりに手をふるなどジェスチャーを使って気持ちを伝えあう。

独自運営の「デフリンピック」へ

　世界ろう者競技大会は、戦争による中断をはさみながらも、4年おきに現在まで開催されています。まさに「聴覚に障がいのある人たちのオリンピック」ともいうべき大会です。

　じつは、1989年に「国際パラリンピック委員会（IPC）」が発足したとき、ICSDも加盟していました。しかし、1995年に脱退し、パラリンピックとはことなる独自の大会運営をおこなってきました。この大会の参加者は、競技場ではふだんつけている補聴器などをはずし、だれもが国際手話でコミュニケーションをします。競技は聴覚障がいをおぎなうさまざまなくふうがされているほかは、すべてオリンピックとおなじルールで運営されています。2001年の大会からは、「国際オリンピック委員会（IOC）」の承認を得て、「デフリンピック」という名前で開催されています*。

*IOCが「オリンピック」という名称の使用を許可しているのは、デフリンピック（1924年～）、パラリンピック（1960年～）、スペシャルオリンピックス（1968年～）のみ。歴史的にみると、デフリンピックがいちばん古い。

●デフリンピック開催年と開催都市

夏季大会

回数	開催年	開催国	開催都市
1	1924	フランス	パリ
2	1928	オランダ	アムステルダム
3	1931	西ドイツ（現在のドイツ）	ニュルンベルク
4	1935	イギリス	ロンドン
5	1939	スウェーデン	ストックホルム
6	1949	デンマーク	コペンハーゲン
7	1953	ベルギー	ブリュッセル
8	1957	イタリア	ミラノ
9	1961	フィンランド	ヘルシンキ
10	1965	アメリカ	ワシントン
11	1969	旧ユーゴスラビア	ベオグラード
12	1973	スウェーデン	マルメ
13	1977	ルーマニア	ブカレスト
14	1981	西ドイツ（現在のドイツ）	ケルン
15	1985	アメリカ	ロサンゼルス
16	1989	ニュージーランド	クライストチャーチ
17	1993	ブルガリア	ソフィア
18	1997	デンマーク	コペンハーゲン
19	2001	イタリア	ローマ
20	2005	オーストラリア	メルボルン
21	2009	台湾	台北
22	2013	ブルガリア	ソフィア
23	2017	トルコ	サムスン

冬季大会

回数	開催年	開催国	開催都市
1	1949	オーストリア	ゼーフェルト
2	1953	ノルウェー	オスロ
3	1955	西ドイツ（現在のドイツ）	オーベルアンメルガウ
4	1959	スイス	モンタナフェルマーラ
5	1963	スウェーデン	オーレ
6	1967	西ドイツ（現在のドイツ）	ベルヒテスガーデン
7	1971	スイス	アデルボーデン
8	1975	アメリカ	レイクプラシッド
9	1979	フランス	メリベル
10	1983	イタリア	マドンナ
11	1987	ノルウェー	オスロ
12	1991	カナダ	バンフ
13	1995	フィンランド	ウッラス
14	1999	スイス	ダボス
15	2003	スウェーデン	スンツバル
16	2007	アメリカ	ソルトレークシティ
17	2011	スロバキア（開催中止）	ハイタトラス
18	2015	ロシア	ハンティ・マンシースク

日本選手の活躍

日本は、1965年のアメリカ大会からデフリンピックに参加。卓球をはじめ、マラソンなどの陸上競技、バドミントン、バレーボール、ボウリング、冬季大会のスノーボードなどで金メダルを獲得している。なかでも、6回連続で出場し、18個の金メダルと3個の銀メダルを獲得した幾島政幸選手は、「20世紀におけるもっともすぐれたデフリンピアン（ろうスポーツ選手）」10人のひとりにも選ばれた卓球選手。聴覚障がいのある人たちの大会はもちろん、一般の卓球大会にも出場するなど、障がい者スポーツのわくをこえて活躍した。

2 パラリンピックのすべて

現在ではオリンピックとならんで開催され、世界的にも注目されているパラリンピック。その歴史は、障がい者スポーツの発展の歴史といっても過言ではありません。

パラリンピックのはじまり

　パラリンピックは、最初からオリンピックのようなさまざまなスポーツの世界大会として開かれたのではありません。パラリンピックの前身とされているのは、1948年にイギリスの医師ルートヴィッヒ・グットマン博士の提唱で、ロンドンの病院内で開かれたアーチェリー競技会です。第二次世界大戦でおもに脊髄を損傷した兵士たちのリハビリの一環としておこなわれたこの大会は、しだいに参加者や競技種目がふえ、車いすを使用している人たち以外の障がい者アスリートも参加できるようになり、現在のパラリンピックの形へと成長してきました。

パラリンピックの前身の大会「ストーク・マンデビル競技大会」（1953年）でおこなわれたアーチェリーの試合。
©Press Association／アフロ

●パラリンピックの開催年と開催都市

夏季大会

回数	開催年	開催国	開催都市
1	1960	イタリア	ローマ
2	1964	日本	東京
3	1968	イスラエル	テルアビブ
4	1972	西ドイツ（現在のドイツ）	ハイデルベルク
5	1976	カナダ	トロント
6	1980	オランダ	アーネム
7	1984	アメリカ／イギリス	ニューヨーク／アイレスベリー
8	1988	韓国	ソウル
9	1992	スペイン	バルセロナ
10	1996	アメリカ	アトランタ
11	2000	オーストラリア	シドニー
12	2004	ギリシャ	アテネ
13	2008	中国	北京
14	2012	イギリス	ロンドン
15	2016	ブラジル	リオデジャネイロ
16	2020	日本	東京

冬季大会

回数	開催年	開催国	開催都市
1	1976	スウェーデン	エンシェルツヴィーク
2	1980	ノルウェー	ヤイロ
3	1984	オーストリア	インスブルック
4	1988	オーストリア	インスブルック
5	1992	フランス	アルベールヴィル
6	1994	ノルウェー	リレハンメル
7	1998	日本	長野
8	2002	アメリカ	ソルトレイクシティ
9	2006	イタリア	トリノ
10	2010	カナダ	バンクーバー
11	2014	ロシア	ソチ
12	2018	韓国	平昌

大会名の由来

イギリスではじまったアーチェリーの競技会は、その開催場である病院の名前から「ストーク・マンデビル競技大会」とよばれていました。「パラリンピック」という名称は、日本で生まれたとされています。1964年、東京オリンピックが終了してすぐ、「第13回国際ストーク・マンデビル競技大会」がおこなわれました。そのとき、「下半身のまひ」という意味の英語「パラプレジア」と「オリンピック」をあわせた「パラリンピック」が、東京大会の愛称として使われたのです。

しかし、その後から1984年のロサンゼルスオリンピックまで、ストーク・マンデビル競技大会はオリンピックとはことなる都市で開かれ、パラリンピックの名称は使われませんでした。

そのころ、世界の障がい者スポーツ団体のあいだをとりもっていた「国際調整委員会（ICC）」が、「国際オリンピック委員会（IOC）」と、大会名についての交渉をおこなっていました。その結果、「オリンピック」という名称を使うことはできませんでしたが、かわりに「パラレル」のパラと「オリンピック」をあわせ、「パラリンピック」という公式名称が定められました。1988年のソウル大会から、パラリンピックが正式名称として使われています。

1988年・韓国のソウル大会の開会式。ソウル市長が火をともした聖火台の奥に「PARALYMPICS」の文字が見える。

● パラリンピック公式ロゴマーク

3本の線は「スリー・アギトス」とよばれ、ラテン語で「私はうごく」という意味。3色の曲線は選手たちのうごきを象徴している。

日本で3度のパラリンピック

1964年、日本で開かれた東京オリンピックの終了後、1部を国際ストーク・マンデビル競技大会、2部を日本人だけの国内大会としてあわせておこなわれた大会は、「パラリンピック東京大会」とよばれた。その後、1988年に正式にパラリンピックという名称になったあと、1998年、長野で冬季パラリンピックを開催した。そして2020年、東京で夏季パラリンピックの開催が決まった。夏の大会で、同一都市で複数開催されるのは、東京がはじめてのことだ。

パラリンピックの歩み

1960年・第1回夏季パラリンピック／イタリア・ローマ

イギリスやオランダなど5か国が参加し、グットマン博士を会長とする国際ストーク・マンデビル大会委員会が設立される。委員会は、オリンピックの開催年に開かれる国際ストーク・マンデビル競技大会をオリンピック開催都市でおこなうと発表。1960年大会ははじめてオリンピックと同年・同都市で開催されたことから、のちに第1回パラリンピックとされるようになった。日本は不参加。

ローマパラリンピック開会式。
©AP／アフロ

1968年 第3回夏季パラリンピック／イスラエル・テルアビブ

オリンピック（メキシコ・メキシコシティ）とはことなる都市で開催。

1972年 第4回夏季パラリンピック／西ドイツ（現在のドイツ）・ハイデルベルク

オリンピック（西ドイツ・ミュンヘン）とはことなる都市で開催。

1960年 — 1965年 — 1970年 — 1975年

1964年 第2回夏季パラリンピック／日本・東京

初の試みとして、車いす使用者だけでなく、そのほかの障がいをもつ選手も参加できる大会をめざした結果、2部制でおこなわれることに。第1部はいままでどおり、車いすを使用している人たちが出場する国際ストーク・マンデビル競技大会で、のちに第2回パラリンピックとされた。第2部は、身体障がいをもつ人たちと西ドイツの招待選手による国内大会として実施。

東京パラリンピックでの車いすバスケットボール。
©TopFoto／アフロ

1976年 第5回夏季パラリンピック／カナダ・トロント

国際ストーク・マンデビル競技連盟と国際身体障害者スポーツ機構がはじめて共同で開催した大会。車いすを使用する選手だけでなく、視覚に障がいのある選手と切断の障がいをもつ選手も参加。東京大会でめざしたような、障がいをもつ選手すべてが参加できる国際大会が、実現への第一歩をふみだした。この大会は、「トロントリンピアード」という愛称でよばれている。

1976年 第1回冬季パラリンピック／スウェーデン・エンシェルツヴィーク

切断の障がいをもつ選手と視覚に障がいをもつ選手が参加する国際身体障がい者冬季競技大会を開催。国際パラリンピック委員会（IPC）設立後、この大会は第1回冬季パラリンピックに位置づけられた。この年の冬季オリンピックはオーストリアのインスブルックで開催されている。

1980年
第6回夏季パラリンピック／オランダ・アーネム

オリンピック（ソビエト連邦／現在のロシア・モスクワ）とはことなる都市で開催。前年、ソビエト連邦がアフガニスタンにせめこんだため、それを批判するアメリカや西ドイツをはじめとする50近くの国が、抗議の意味でモスクワオリンピックに不参加。しかしパラリンピックには、オリンピック不参加の国ぐにも参加した。この大会には脳性まひの選手がはじめて参加し、「障がい者のオリンピック」とよばれた。

1980年
第2回冬季パラリンピック／ノルウェー・ヤイロ

冬季大会としてはじめて、国際ストーク・マンデビル競技連盟と国際身体障害者スポーツ機構が共同開催。冬季オリンピック（アメリカ・レークプラシッド）とは開催都市がことなっている。その結果、新たに車いすを使用する選手のアイススレッジが競技種目となった。

1992年
第9回夏季パラリンピック／スペイン・バルセロナ

大会の信頼性を保つため、陸上競技や水泳などでは標準記録をこえていることが出場の条件とされた。このことにより、パラリンピックもオリンピックのように、記録や成績を重視するなど、より高い競技性をもった大会へとかわっていくことになった。

1992年
第5回冬季パラリンピック／フランス・アルベールヴィル

この大会から、冬季パラリンピックも冬季オリンピックとおなじ都市で開催されるようになった。

1988年
第4回冬季パラリンピック／オーストリア・インスブルック

国際オリンピック委員会の後援を受けたものの、オリンピック（カナダ・カルガリー）とはことなる都市で開催。

バルセロナ五輪開会式で聖火をともす矢を放った、パラリンピックのアーチェリー射手アントニオ・レボージョ選手。

1980年 — 1985年 — 1990年

1984年
第7回夏季パラリンピック／アメリカ・ニューヨーク、イギリス・アイレスベリー

はじめ、切断の障がいをもつ選手・視覚障がいのある選手・脳性まひの選手の競技がニューヨークで、車いすを使用する選手の競技がイリノイでおこなわれることになっていた。しかし大会の4か月前になって、イリノイが資金不足を理由に開催ができないと申し出。急きょ、国際ストーク・マンデビル競技連盟が大会を引きうけ、イギリスのストーク・マンデビル病院で車いすを使用する選手の大会を開くことになった。この大会から、機能障がいをもつ選手も参加。

1984年
第3回冬季パラリンピック／オーストリア・インスブルック

国際調整委員会の初の主催大会だったが、冬季オリンピック（ユーゴスラビア・サラエボ）とはことなる都市で開催。しかし、国際オリンピック委員会の後援を受け、サマランチ会長も出席した。この大会で、はじめて脳性まひの選手が参加。

1988年
第8回夏季パラリンピック／韓国・ソウル

パラリンピック史上はじめて、オリンピックとおなじ都市で、オリンピックの競技会場を使って開催。「パラリンピック」という名称が正式に使われるようになったのも、この大会から。また、電動車いすを使用している重度障がいのある選手なども初参加。

ニューヨーク・アイレスベリーパラリンピックでの陸上競技（走り高跳び）。

●各大会の参加国と人数

夏季大会

回数	参加国	参加人数
1	23	400
2	21	378
3	29	750
4	43	984
5	40	1657
6	42	1973
7	54	2102
8	61	3057
9	83	3001

冬季大会

回数	参加国	参加人数
1	16	53
2	16	299
3	18	419
4	22	377
5	24	365

（日本障がい者スポーツ協会の発表による数値）

1994年
第6回冬季パラリンピック／ノルウェー・リレハンメル

1989年に設立された国際パラリンピック委員会（IPC）が主催したはじめてのパラリンピック。知的障がいのある選手のアルペンスキーとクロスカントリースキーが、公開競技としておこなわれた。

1998年
第7回冬季パラリンピック／日本・長野

ヨーロッパ以外で開催されたはじめての冬季パラリンピック。自分の国で開かれたこの大会をきっかけに、日本ではパラリンピックの知名度が飛躍的に上がった。また、この大会から冬季でははじめて知的障がいのある選手の参加がみとめられた（クロスカントリースキー）。

長野パラリンピックの集火式と前夜祭。

2000年
第11回夏季パラリンピック／オーストラリア・シドニー

この大会から、オリンピックに続けておなじ都市でパラリンピックをおこなうことが正式に決定。知的障がいのある選手のバスケットボールと卓球も正式種目としておこなわれたが、知的障がいのある選手のバスケットボールの試合で、スペインチームが健常者を選手として出場させて金メダルをとるという不正が発覚。これにより、知的障がいのある選手が参加するすべての種目が、正式にはおこなわれなくなった。

2006年
第9回冬季パラリンピック／イタリア・トリノ

新競技として、車いすカーリングが公式種目にくわわった。

1995年　2000年　2005年　2010年

2002年
第8回冬季パラリンピック／アメリカ・ソルトレイクシティ

この大会から、アイススレッジスピードレースが公式種目からなくなった。

1996年
第10回夏季パラリンピック／アメリカ・アトランタ

国際パラリンピック委員会が、はじめて主催した夏季パラリンピック。各競技ごとに出場資格の基準が決められ、大会の競技性が強まった。また、陸上競技と水泳の一部の種目で、知的障がいのある選手の参加がはじめて正式にみとめられた。

2004年
第12回夏季パラリンピック／ギリシャ・アテネ

それまで男子のみの競技だったシッティングバレーボールに、はじめて女子の部が登場。前回の大会で問題となった知的障がいのある選手の競技にかんしては、バスケットボールと卓球が公開競技としておこなわれた。

2008年
第13回夏季パラリンピック／中国・北京

国際オリンピック委員会と国際パラリンピック委員会との連携強化により、この大会からパラリンピック組織委員会がオリンピック組織委員会に統合されることになった。

アテネパラリンピックの開会式で入場行進をする日本選手団。

2012年
第14回夏季パラリンピック／イギリス・ロンドン

アテネ大会以降に中断されていた知的障がいのある選手の参加について、陸上競技・卓球・水泳でふたたび正式にみとめられた。

ロンドンパラリンピックで選手に声援を送る満員の観衆。

2014年
第11回冬季パラリンピック／ロシア・ソチ

アルペンスキー競技の種目のひとつとして、スノーボードクロスがくわわった。

2018年
第12回冬季パラリンピック／韓国・平昌

2020年
第16回夏季パラリンピック／日本・東京

2016年
第15回夏季パラリンピック／ブラジル・リオデジャネイロ

南アメリカ大陸で開催されるはじめてのパラリンピックとなった。

2022年
第13回冬季パラリンピック／中国・北京

リオデジャネイロパラリンピックのマラソンで伴走者とともにいっせいにスタートする男子マラソンの選手たち。

2010年
第10回冬季パラリンピック／カナダ・バンクーバー

日本でははじめて、冬季パラリンピックの競技風景がテレビで生中継された。

●各大会の参加国と人数

夏季大会

回数	参加国	参加人数
10	104	3259
11	122	3881
12	135	3808
13	146	3951
14	164	4237
15	159	4333

冬季大会

回数	参加国	参加人数
6	31	471
7	31	571
8	36	416
9	38	474
10	44	502
11	45	547

（日本障がい者スポーツ協会の発表による数値）

●パラリンピック実施競技一覧

■夏季大会　数字は大会の回数、（　）は公開競技

アーチェリー　1～15
陸上競技　1～15
車いすバスケットボール　1～15
IDバスケットボール　11、（12）
車いすフェンシング　1～15
水泳　1～15
卓球　1～15
スヌーカー（ビリヤード）　1～5、7、8
ダーチェリー　1～5
パワーリフティング　2～15
ウェイトリフティング　8、9
ローンボール　3～8
ゴールボール　（4）、5～15
射撃　5～15
スタンディングバレーボール　5～7、10
シッティングバレーボール　6～15
レスリング　6、7
ボッチャ　7～15
自転車　7～15
脳性まひ者7人制サッカー　7～15
視覚障がい者5人制サッカー　12～15
馬術　7、10～15
柔道　8～15
車いすテニス　（8）、9～15
ウィルチェアーラグビー　（10）、11～15
ラケットボール　（10）
セーリング　（10）、11～15
ボート　13～15
カヌー　15
トライアスロン　15

※2020年東京大会では、脳性まひ者7人制サッカーとセーリングがなくなり、バドミントンとテコンドーがくわわる。

■冬季大会

アルペンスキー　1～11
クロスカントリースキー　1～11
アイススレッジ
スピードレース　2～4、6、7
バイアスロン　4～11
アイススレッジホッケー　6～11
車いすカーリング　9～11

※2018年平昌大会では、スノーボードが単独競技としてくわわる。

③ 肢体に障がいがある人たちの大会と歴史

障がい者スポーツの本格的なはじまりは、車いすを使用する人たちのリハビリテーションからでした。現在では競技のレベルが高くなり、国際的な大会が開かれています。

「国際車いす・切断者スポーツ連盟」の設立

　1948年にはじまった「ストーク・マンデビル競技大会」（→P7）は、パラリンピックの前身となったほか、もうひとつの大会も生みだしました。「IWAS世界大会（IWASワールドゲームズ）」です。

　ストーク・マンデビル競技大会は、1952年にオランダが参加したことにより国際大会として毎年開催され、1960年の第1回パラリンピック（第9回ストーク・マンデビル競技大会）以降は、オリンピック開催年にはストーク・マンデビル病院以外で、そのほかの年にはストーク・マンデビル病院でおこなわれていました。第1回パラリンピックをきっかけに、「国際ストーク・マンデビル車いす競技連盟（ISMGF）」が設立され、この組織と、1964年に設立された「国際身体障害者スポーツ機構（ISOD）」が合併し、2004年に「国際車いす・切断者スポーツ連盟（IWAS）」が発足しました。

●IWAS世界大会の開催年と開催都市

回数	開催年	開催国	開催都市
1	2005	ブラジル	リオデジャネイロ
2	2007	台湾	台北
3	2009	インド	バンガロール
4	2011	アラブ首長国連邦	シャルジャ
5	2013	オランダ	スタッドスカーナル
6	2015	ロシア	ソチ
7	2017	アラブ首長国連邦	シャルジャ

「2015 IWAS世界競技大会」の水泳競技に中学生で出場した岡部歩乃佳選手。生まれながら右うでのひじから先がないが、銀メダル、銅メダルを獲得と大活躍。出身の新居浜市からスポーツ賞がおくられた。

　ストーク・マンデビル競技大会は、「国際ストーク・マンデビル車いす競技大会」「世界車いす競技会」「世界車いす・切断者競技大会」などの名称を経て、現在は「IWAS世界大会」とよばれています。この大会は2年に1度開催され、夏季パラリンピックのもっとも重要な予選のひとつと位置づけられています。

　2015年にロシアのソチで開かれたIWAS世界大会には、34か国から598人の選手が参加しました。このときの実施競技は、陸上競技、水泳、卓球、アーチェリー、テコンドー、アームレスリングの6競技でした。

世界初の車いすだけのマラソン大会開催へ

1975年、アメリカの歴史あるマラソン大会であるボストンマラソンに、世界ではじめて車いすのランナーが参加しました。それから車いすランナーがふえ、日本でも一般のマラソン大会に車いすを使用する選手が参加したというニュースが聞かれるようになりました。

そしてそのころ、大分中村病院の院長であった中村裕博士が、1981年の国際障害者年（→1巻P18）を記念して、世界初の車いす単独のマラソン大会を大分県で開くことを提案しました。平松守彦大分県知事（当時）の賛同も得て、コース選定などの苦労をしながらも大会準備を進めました。

1981年11月1日、15か国から117人が参加し、第1回大分国際車いすマラソン大会が開かれました。はじめはハーフマラソン（21.0975km）のみでしたが、1983年の第3回大会からはフルマラソン（42.195km）もおこなわれるようになりました。

大分国際車いすマラソン大会は、世界初の車いすだけのマラソン国際大会として、2016年で36回をむかえました。現在では、世界最大・最高レベルの大会として、多くの選手が参加しています。車いすマラソンの世界記録は、男女ともにこの大会でつくられたものです。

カーボンやチタンなどを使って軽量化された「レーサー」とよばれる車いすに乗り、ハンドリムとよばれる車輪を手でこいで前に進む選手たち。

スタート地点は、大分県庁前。国道の6車線すべてを使って、いっせいにスタートする。2016年大会は、車いす単独での大会ではじめてテレビの生中継がおこなわれた。

もっと知りたい！

日本の障がい者スポーツ発展に貢献した中村裕

中村裕博士は、大分国際車いすマラソン大会の開催など、日本の障がい者スポーツの発展に大きな貢献をした人物です。どのような活動をおこなったのでしょうか。

グットマン博士に感銘を受ける

　大分県別府市に生まれた中村裕博士は、九州大学医学専門部を卒業後、九州大学の整形外科医局に入りました。そこで、天児民和教授の指導を受け、当時の日本ではまだあまり知られていなかったリハビリテーションの研究をすることになりました。
　1960年、そのころ国立別府病院の整形外科医長だった中村博士は、リハビリテーションの現状を視察するためにアメリカやヨーロッパに派遣されました。なかでも、イギリスのストーク・マンデビル病院の国立脊髄損傷センターでは、スポーツを医療にとりいれて機能の回復をめざすというルートヴィッヒ・グットマン博士の指導に強い衝撃を受けました。そして、この方法を日本でも実践しようと決意したのです。

イギリスのストーク・マンデビル病院で、グットマン博士と肩を組む中村裕博士。

日本に障がい者スポーツを

　日本に帰国したあと、中村博士はリハビリにスポーツをとりいれようとうごきはじめました。しかし、当時の日本では、治療のためには安静にしていなければならないと考える医師が大半でした。「身体障がい者に見世物のようなことをさせるなんて」という批判まで受けました。
　しかし、中村博士はあきらめずに患者や医師、体育関係者などを説得し、大分県身体障がい者体育協会を設立。1961年に第1回大分県身体障がい者体育大会を開催しました。その翌年には日本人選手をひきいて「国際ストーク・マンデビル競技大会」に初参加すると、新聞やラジオ、テレビなどで大きく報道されました。これをきっかけに、日本で障がい者スポーツが少しずつ知られるようになり、厚生省（現在の厚生労働省）もリハビリテーションの推進に力を入れはじめました。さらに、中村博士は東京オリンピックのあとにパラリンピックを開くことを主張し、東京パラリンピックの実現に貢献しました。

障がい者の自立のために

　東京パラリンピックで中村博士が目にしたのは、障がいがあっても一般の人たちとかわりなく出歩くことを楽しみ、仕事をもつなど社会復帰をとげている外国人選手のすがたでした。障がい者は仕事をもって自立することが必要だと考えた中村博士は、障がい者にはたらく機会とくふうを提供し、支援する場として、1965年に「太陽の家」を創設しました。障がい者は保護するべき立場の人ではなく、自立して生活する社会の一員だという考えを、社会に広く知らしめたのです。その後、1975年のフェスピック（→P24）、1981年の大分国際車いすマラソン大会という、現在にまで続く大会の実現をなしとげました。
　中村博士は、1984年に57歳でなくなりました。なくなった日、イギリスでは第7回パラリンピックの開会式がおこなわれていました。会場では、選手・観客全員が博士のために1分間の黙祷をささげました。

1981年におこなわれた、第1回大分国際車いすマラソン大会でのスタートのようす。13ページの写真とくらべると、選手たちが乗っている車いすの形がちがうのがわかる。

日本人選手として初参加した「第11回国際ストーク・マンデビル競技大会」の入場門前に中村博士と選手たち。

4 視覚障がいのある人たちの大会と歴史

視覚に障がいのある人は、からだの機能に問題がないからこそ、少しのくふうでスポーツを楽しむことが可能になります。視覚障がいのある選手の競技大会では、くふうに満ちたさまざまな競技がおこなわれます。

視覚障がい者スポーツを統括する国際組織

1981年、フランスのパリにあるユネスコ*本部で、30か国の代表が参加し、「国際視覚障害者スポーツ連盟（IBSA）」が設立されました。IBSAは、国際パラリンピック委員会（IPC）の創立団体のひとつでもあります。パラリンピックの運営にかかわるほか、全盲や弱視など視覚障がいのある選手が参加する大会を主催しています。また、世界じゅうの視覚障がい者に、スポーツの楽しさを伝える活動も積極的におこなっています。事務局はスペインのマドリードにあり、約140か国が加盟しています。

*国際連合教育科学文化機関のこと。教育・科学・文化にかんする活動をつうじて国際平和の実現を目的とした、国際連合の専門機関。

● IBSAが現在公認している視覚障がい者スポーツ

陸上競技、サッカー、水泳、アーチェリー、柔道、パワーリフティング、射撃、自転車（タンデム競技）、アルペンスキー、ボウリングなど。視覚障がいのある人たちのためにつくられたショウダウンやゴールボール、トーボールといった新しいスポーツもある。

● IBSA世界大会の開催年と開催都市

回数	開催年	開催国	開催都市
1	1998	スペイン	マドリード
2	2003	カナダ	ケベック
3	2007	ブラジル	サンパウロ
4	2011	トルコ	アンタルヤ
5	2015	韓国	ソウル
6	2019		

● IBSAブラインドサッカー世界選手権の開催年と開催都市

回数	開催年	開催国	開催都市
1	1998	ブラジル	カンピーナス
2	2000	スペイン	ヘルス・テ・ラ・フロンテーラ
3	2002	ブラジル	リオデジャネイロ
4	2006	アルゼンチン	ブエノスアイレス
5	2010	イギリス	ヘレフォード
6	2014	日本	東京
7	2018	スペイン	マドリード

IBSAワールドゲームズの第5回大会でおこなわれたゴールボール女子の試合のようす。決勝トーナメントまで進み、おしくも中国に敗戦したが、翌年のリオデジャネイロパラリンピックへの出場権を獲得した。

IBSAブラインドサッカー世界選手権は、4年に1度の世界一決定戦。ブラインドサッカーにとって、パラリンピックとならぶ、ブラインドサッカー単独の最高峰の世界選手権だ。2014年は日本で開かれ、世界から予選を勝ちぬいた12か国が出場。ブラジルが優勝し、日本は6位と健闘した。青いユニホームが日本代表チーム。

視覚障がいのある選手の最高峰の大会

　パラリンピックの前年、視覚障がいのある選手だけの総合大会として、IBSA主催の世界大会（IBSAワールドゲームズ）がおこなわれます。2015年に韓国のソウルで開かれた第5回大会では、陸上競技、フットサル、ゴールボール、柔道、パワーリフティング、水泳、ボウリング、ショウダウン、チェスの9競技が実施されました。

　そのほか、IBSAは各競技ごとの世界選手権大会も実施しています。視覚障がい者スポーツにおいて、パラリンピック公式競技ではパラリンピックとともに、そうでない競技では唯一の世界最高峰の大会として、世界じゅうの選手のあこがれの舞台となっています。

●かすみがうらマラソン兼国際盲人マラソン

日本でおこなわれている視覚障がいのある選手の国際大会として、「かすみがうらマラソン兼国際盲人マラソン」があります。これは、1996年から、かすみがうらマラソンと併催している大会で国際パラリンピック委員会によって公認された世界初のマラソン大会です。国内では最大規模の視覚障がい者マラソンの大会であり、健常者と視覚障がいのある人たちのへだたりをなくしたスポーツの交流の場となっています。第20回大会からは車いすの部も正式種目となり、障がいの有無にかかわらずマラソンを楽しむことができる大会になりました。

5 知的障がいのある人たちの大会と歴史

知的障がいのある人たちのスポーツにかんする取り組みは、ほかの障がいにくらべると少しおくれてはじまりましたが、現在は活発な活動がおこなわれています。

INAS グローバル競技大会

知的障がいのある人たちのスポーツを統括している国際組織、国際知的障害者スポーツ連盟（INAS-FMH、INAS-FIDの名称変更を経て現在INAS）が設立されたのは、1986年、オランダのハーグでのことでした。現在、INASには80か国以上の国・地域が加盟しています。

INASは、INASグローバル競技大会という世界的な総合大会を、4年に1度開催しています。2015年にエクアドルでおこなわれた第4回大会では、32の国と地域から代表選手が参加し、陸上競技、水泳、卓球、フットサル、バスケットボール、自転車、テニス、テコンドーの8競技が実施されました。

● INASグローバル競技大会の開催年と開催都市

回数	開催年	開催国	開催都市
1	2004	スウェーデン	ボルナス
2	2009	チェコ	リベレッツ
3	2011	イタリア	ジェノバ
4	2015	エクアドル	グアヤキル他
5	2019	オーストラリア	ブリスベン

2015年INASグローバル競技大会に日本代表として初めて参加した知的障がい者フットサル日本代表。チームの中心となるのは、INASワールドカップに日本代表として出場している選手たちだ。

2015年INASグローバル競技大会の卓球競技の団体で銅メダルを獲得した日本代表選手たち（手前は高橋利也選手、後列右から木下佑輝選手、山下勝矢選手、新垣蒼選手）。

INAS世界選手権大会

　INASでは、競技別の世界大会も主催しています。INAS内には陸上競技、水泳、卓球、バスケットボール、サッカー・フットサル、テニス、自転車、ボート、スキー、ハンドボール、テコンドー、クリケット、馬術などの各委員会があり、それぞれに開催時期を決めて世界選手権を実施しています。

　とくに、4年に1度開かれるINAS世界サッカー選手権は、「もうひとつのワールドカップ」ともよばれる大会です。第1回大会は1994年にオランダで開かれましたが、2002年の第3回大会からはワールドカップとおなじ国で開催されています。

もうひとつのワールドカップ

障がい者が参加するスポーツ大会といえばパラリンピックが思い出されるが、パラリンピックの競技種目に11人制のサッカーはない。パラリンピックではすでに5人制視覚障がい者サッカー（ブラインドサッカー）がおこなわれているうえに、障がい者によるサッカーには聴覚障がい者サッカーや電動車いすサッカー、精神障がい者サッカーなどがあり、すべてのカテゴリーをパラリンピックで実施するのはほぼ不可能だといわれている。そういう意味で、INAS世界サッカー選手権は、競技として勝利をめざす知的障がいのあるサッカー選手にとって、またとない活躍の場だといえる。2014年のブラジル大会で、日本代表は1勝1敗1分けの成績で決勝トーナメントに進出し、歴代最高の4位となった。

2015年INASグローバル競技大会の競泳男子200m個人メドレーで表彰台を独占した日本チーム（1位・東海林大選手、2位・津川拓也選手、3位・田中康大選手）。

スペシャルオリンピックスでは競技に参加した全員が表彰台に上がり、拍手でたたえられる。

スペシャルオリンピックスとは？

スペシャルオリンピックスとは、知的障がいのある人たちにさまざまなスポーツトレーニングと、その成果の発表の場である競技会を、年間を通じて提供している国際的なスポーツ組織のことです。オリンピックと同様、夏季・冬季それぞれ4年に1度、世界大会が開催されています。

スペシャルオリンピックスの特徴は、大会や競技会を開催するほか、年間を通じてスポーツトレーニングの場を提供していることです。また、大会や競技会では、1位から3位のアスリート*にメダルがおくられるだけでなく、4位以下のアスリートも表彰台に上がり、リボンがかけられます。順位だけではなく、これまでのトレーニングと競技をやり終えたことにたいして、一人ひとりにかわらぬ拍手がおくられるのです。

*スペシャルオリンピックスでは、活動に参加する知的障がいのある人を「アスリート」とよんでいる

オリンピック「ス」とは？

英語では、名詞のうしろにesやsがつくと複数であることをしめす。スペシャルオリンピックスにも「オリンピック」のうしろにs（ス）がついている。これは、日常的なスポーツトレーニングからボランティア育成、世界大会開催まで、年間を通じてさまざまなスポーツ活動を世界じゅうでおこなっていることをあらわしている。

● スペシャルオリンピックスの開催年と開催都市

夏季大会

回数	開催年	開催国	開催都市
1	1968	アメリカ	シカゴ
2	1970	アメリカ	シカゴ
3	1972	アメリカ	ロサンゼルス
4	1975	アメリカ	ミシガン州
5	1979	アメリカ	ニューヨーク州
6	1983	アメリカ	ルイジアナ州
7	1987	アメリカ	インディアナ州
8	1991	アメリカ	ミネソタ州
9	1995	アメリカ	コネチカット州
10	1999	アメリカ	ノースカロライナ州
11	2003	アイルランド	ダブリン
12	2007	中国	上海
13	2011	ギリシャ	アテネ
14	2015	アメリカ	ロサンゼルス

冬季大会

回数	開催年	開催国	開催都市
1	1977	アメリカ	コロラド州
2	1981	アメリカ	バーモント州
3	1985	アメリカ	ユタ州
4	1989	アメリカ	ネバダ州／カリフォルニア州
5	1993	オーストリア	ザルツブルグ
6	1997	カナダ	トロント
7	2001	アメリカ	アラスカ州
8	2005	日本	長野
9	2009	アメリカ	アイダホ州
10	2013	韓国	ピョンチャン
11	2017	オーストリア	グラーツ他

もっと知りたい！

スペシャルオリンピックスの誕生秘話

スペシャルオリンピックスを創設したのは、アメリカ第35代大統領のジョン・F・ケネディの妹、ユニス・ケネディ・シュライバーです。

スペシャルオリンピックスの歩み

1962年、ユニス・ケネディ・シュライバーは、自宅の庭を開放して知的障がいをもつ子どもたちを集め、デイ・キャンプを開きました。これがスペシャルオリンピックスの始まりです。知的障がいがあるために、プールで泳いだり、トラックを走ったりしたことが一度もない人たちにスポーツを提供することが彼女の願いでした。

ユニスはこの活動を通じ、知的障がいのある人たちの可能性を広げ、彼らにたいする社会の否定的な固定概念や差別的態度を変えるためにその生涯をささげました。彼女が生涯つらぬいた信念は、40年以上たった今も世界じゅうの国と地域で、社会を変える動きとして広がっています。

世界へと広がる活動

ユニスは精力的に活動し、さまざまな人の協力を得て、スペシャルオリンピックス国際大会を開催しました。1968年、アメリカのシカゴでおこなわれた第1回大会には、アメリカとカナダから1000人以上の選手が参加しました。そしてその年の12月、非営利組織「スペシャルオリンピックス」が、国際本部としてワシントンD.C.に誕生しました。

その活動は世界へと広がり、現在では170以上の国と地域で活動がおこなわれています。日本では、1994年に国内の本部組織である「スペシャルオリンピックス日本」が設立され、全国大会や競技会の開催、世界大会への日本選手団の派遣、ボランティアやコーチの育成など、日本でのスペシャルオリンピックスの普及を目的とした活動をおこなっています。現在では47都道府県すべてに活動が広がり、全国で7827人のアスリートと1万人以上のボランティアが参加しています。（2015年12月末時点）

アスリートとサッカーをするユニス。

レクリエーションに参加するユニス（左から4人目）。

6 さまざまな国際大会

国際大会がふえることは、スポーツの発展に必要なことだといわれています。国際パラリンピック委員会をはじめとして、各種団体がさまざまな国や地域を開催地として、国際大会をおこなっています。

各競技の世界選手権大会

国際パラリンピック委員会（IPC）は、パラリンピックだけではなく、競技ごとの世界選手権大会（ワールドカップ）も主催しています。陸上競技、水泳、アーチェリー、射撃、自転車、パワーリフティング、アルペンスキー、ノルディックスキー、バイアスロン・クロスカントリースキー、アイススレッジホッケー、車いすダンスなどさまざまな競技の大会がありますが、毎年開催されるもの、2年や4年に1度開かれるものなどがあります。

IPC主催の大会では、パラリンピックのようにさまざまな障がいをもつ選手が参加します。とくにパラリンピックの前年に開催される大会は、パラリンピックの出場権を得たり、パラリンピックの結果を占ったりするうえで重要な大会となっています。

世界バドミントン連盟が主催し、隔年で開催されているパラバドミントンの世界選手権。これまでパラバドミントンはパラリンピック種目に入っていなかったが、2020年東京パラリンピックから採用されることが2014年にIPCより発表された。写真は2015年の大会で準優勝をはたした豊田まみ子選手。

いろいろな世界大会

IPC以外の団体が主催しておこなわれる世界大会に「世界身体障害者野球大会」や「ワールドチームカップ（車いすテニス）」がある。前者は「2006ワールド・ベースボール・クラシック」で優勝した日本が提案して、2006年から4年ごとに日本で開催。1回から3回まで日本が3連勝している。後者は1985年からスタートして毎年開催されている車いすテニスの国別対抗団体戦。2003年と2007年の大会では日本が優勝している。

IPC陸上競技大会の試み

IPC陸上競技世界選手権大会は、1994年にドイツのベルリンで第1回大会が開かれてから2006年までは4年に1度、2011年からは2年に1度の開催と、開催頻度を高めてきました。

国際的な競技会が多く開かれたほうが、選手たちは世界一になれるチャンスがふえます。モチベーションが高められるうえに、多くの人に知られる機会もふえます。

IPCでは、2014年にイギリスのバーミンガムで、一般の陸上選手が出場する大会と障がいをもつ選手が出場する大会を同日同時に開催。2017年にはイギリスのロンドンで健常者の世界陸上競技選手権大会とIPCの世界大会を同時開催。パラリンピック以外で、一般の選手と障がいをもつ選手の選手権大会がおなじ都市で開かれるのははじめてのこととなります。

2014年のIPC陸上グランプリファイナルの200mで1位となった山本篤選手。パラ陸上アスリートとしてさまざまな国際大会に出場して、記録に挑戦する。　©Action Images／アフロ

●IPC陸上競技世界選手権大会の開催年と開催都市

回数	開催年	開催国	開催都市
1	1994	ドイツ	ベルリン
2	1998	イギリス	バーミンガム
3	2002	フランス	リール
4	2006	オランダ	アッセン
5	2011	ニュージーランド	クライストチャーチ
6	2013	フランス	リヨン
7	2015	カタール	ドーハ
8	2017	イギリス	ロンドン

アスリートがともに集う

2014年にイギリスのバーミンガムでおこなわれた大会は、IAAFダイヤモンドリーグとIPC陸上グランプリファイナルだ。どちらにもトップアスリートたちが参加している。大会では、この両者が、おなじ選手村で顔をあわせ、おなじトラックを使って走り、おなじフィールドで技をきそった。障がいの有無で区別されることなく、おなじ陸上競技の選手としてともにいる、という点が画期的だといわれている。

2006年におこなわれたフェスピッククアラルンプール大会。開会式のセレモニーにならぶ日本選手団。

アジアパラ競技大会

● 日本のよびかけでできた大会

アジアパラ競技大会は、4年に1度、国際パラリンピック委員会の地域委員会であるアジアパラリンピック委員会が主催する大会です。第1回大会は2010年と歴史のあさい大会ですが、その前身となった大会があります。1975年からはじまったフェスピックです。

当時、障がい者スポーツはさかんにおこなわれるようになっていましたが、それはヨーロッパなどの先進国でのことでした。アジアや太平洋にある発展途上国では、障がいのある人にたいする社会的な理解が進んでいなかったため、パラリンピックなどの国際大会への参加はむずかしい状況でした。こういった国ぐにへ障がい者スポーツを普及させるため、日本の中村裕博士（→P13、14）が中心となり、東部アジアや南太平洋の国ぐにを対象にした国際大会を開こうとよびかけました。そして、大分市と別府市で、第1回大会が開かれました。

● フェスピック第1回大会参加国

日本、香港、韓国、ビルマ（現在のミャンマー）、タイ、フィリピン、マレーシア、シンガポール、インドネシア、ネパール、バングラデシュ、インド、パキスタン、スリランカ、パプアニューギニア、フィジー、オーストラリア、ニュージーランドの18か国・地域。

● フェスピック開催年と開催都市

回数	開催年	開催都市	参加国数	参加人数
1	1975	日本（大分・別府）	18	973
2	1977	オーストラリア（パラマッタ）	16	430
3	1982	香港（シャティン）	23	744
4	1986	インドネシア（スラカルタ）	19	834
5	1989	日本（神戸）	41	1646
6	1994	中国（北京）	42	2081
7	1999	タイ（バンコク）	34	2258
8	2002	韓国（プサン）	40	2199
9	2006	マレーシア（クアラルンプール）	46	2346

● フェスピックの功績

　この大会が画期的だったのは、世界に先がけて、車いすを使用する選手や切断の障害をもつ選手、脳性まひの選手、視覚障がいのある選手、聴覚障がいのある選手など、障がいの種類に限定されない大会を実現したことです。パラリンピックで車いすを使用する選手以外の障がいをもつ選手が参加したのは、第1回フェスピックの翌年、1976年のトロントリンピアード（→P8）でのことでした。1999年にタイのバンコクでおこなわれた第7回フェスピックからは、知的障がいのある選手も参加しています。

　フェスピックを開催した都市では、大会をきっかけとして、障がいのある人たちがくらしやすいまちづくりがおこなわれたり、障がいのある人たちのための法整備が進んだりしました。

● アジアパラ競技大会への発展

　アジア・太平洋地域への障がい者スポーツの普及や、障がい者福祉の促進を目的としたフェスピックでしたが、大会の規模が大きくなるにつれ、しだいに高い競技性をもつようになりました。2006年、マレーシアのクアラルンプールで開かれた第9回大会後、フェスピック連盟とアジアパラリンピック評議会が合併し、アジアパラリンピック委員会となることが決まりました。

　2010年、中国の広州で、フェスピックを引きついだアジアパラ競技大会が開かれました。2026年には日本の愛知県名古屋市で開催される予定です。

● 2014年アジアパラ第2回大会の実施競技

アーチェリー、陸上競技、バドミントン、5人制サッカー（ブラインドサッカー）、ゴールボール、シッティングバレーボール、水泳、車いすダンス、卓球、車いすテニス、ウィルチェアーラグビー、自転車、車いすバスケットボール、テンピンボウリング、車いすフェンシング、ボッチャ、7人制サッカー、柔道、パワーリフティング、ボート競技、射撃、ローンボウルズ、セーリング

● アジアパラ競技大会の開催年と開催都市

回数	開催年	開催都市	参加国数	参加人数	競技数
1	2010	広州（中国）	41	3798	19
2	2014	仁川（韓国）	41	6000	23
3	2018	ジャカルタ（インドネシア）			

2014年、韓国の仁川でおこなわれたアジアパラ競技大会の開会式。

7 おもな国内大会

日本の障がい者スポーツの歴史は、世界にくらべると比較的新しいほうです。しかし、東京パラリンピックをきっかけに、日本の障がい者スポーツの大会は独自の発展をしました。

全国障害者スポーツ大会

1964年の東京パラリンピックの成功後、第2部としておこなわれた国内大会をきっかけとして生まれた大会があります。「全国身体障害者スポーツ大会」です。この大会は、障がい者スポーツをよりもりあげ、障がいをもつ多くの人たちにスポーツの楽しさを知ってほしいという主旨でおこなわれました。第1回大会は、1965年、国民体育大会（国体）*がおこなわれた岐阜県で開かれ、以降、毎年国体の本大会終了後に、おなじ会場でおこなわれるようになりました。

2001年、全国身体障害者スポーツ大会は、1992年からおこなわれてきた「全国知的障害者スポーツ大会」と統合され、「全国障害者スポーツ大会」として開かれました。大会の目的は、スポーツの競技性を高めることではなく、障がいのある人たちの社会参加の推進や、障がいのある人たちに対する理解を深めることにあります。

*毎年おこなわれる都道府県対抗の総合スポーツ大会。1月にスケートとアイスホッケー、2月にスキー、9・10月に本大会が実施される。

●実施競技
陸上競技、水泳、車いすバスケットボールなどのほか、グランドソフトボールやフットベースボール、フライングディスクなどの独自の競技もある。また、同じ競技のなかでも、障がいの種類や程度にかかわらず大会に参加できるようにくふうされた種目もある。

●全国障害者スポーツ大会の開催年と開催地

回数	開催年	開催地	選手数
1	2001	宮城県	3195
2	2002	高知県	3201
3	2003	静岡県	3289
4	2004	埼玉県	3089
5	2005	岡山県	3238
6	2006	兵庫県	3261
7	2007	秋田県	3227
8	2008	大分県	3202
9	2009	新潟県	3231
10	2010	千葉県	3238
11	2011	山口県	3238
12	2012	岐阜県	3165
13	2013	東京都	3308
14	2014	長崎県	3232
15	2015	和歌山県	3239
16	2016	岩手県	2281
17	2017	愛媛県	
18	2018	福井県	

全国障害者スポーツ大会（2013年、東京大会）の開会式。

● 全国障害者スポーツ大会ならではの種目

ビーンバッグ投	重度の障がいがある車いす使用者を対象とした投てき種目。大豆などを入れた重さ150g、12cm四方のふくろを投げて距離をきそう。投げ方は自由。
フライングディスク	フライングディスクには、5mまたは7mはなれたアキュラシーゴール（直径91.5cmの円形）にディスクを10回投げ、その通過回数をきそうアキュラシーと、ディスクを3回投げて遠投距離をきそうディスタンスがある。
フットベースボール	知的障がいのある選手が出場できる競技。ルールは一般のソフトボールが基本。バットやグローブを使わず、投手がサッカーボールをころがし、キッカーがそれをけってプレイする。
グランドソフトボール	視覚障がいのある選手が出場できる競技で、男女区分がなく10人でおこなう。そのうち全盲の選手が4人以上出場していないといけない。ルールは一般のソフトボール競技を基本とし、ハンドボールほどの大きさのボールのころがる音をたよりに試合をする。
スラローム	全長30mの直走路におかれた赤白の旗門を前進、後進などしながら通過し、そのタイムをきそいあう。

障がい者スポーツの祭典

「全国障害者スポーツ大会」は、身体に障がいのある人たちと、知的障がいのある人たちとそれぞれに対応したスポーツ大会を統合して第1回が開催された。2008年の大分大会からは、精神障がいのある人たちのバレーボールが正式競技となり、「身体・知的・精神」の障がいのある人たちが一体となっておこなうスポーツの祭典となった（主催は文部科学省、日本障がい者スポーツ協会、国体開催地の都道府県）。

ジャパンパラ競技大会

　日本では「障がい者にスポーツの楽しさを伝えたい」という目的が大きい大会開催でしたが、障がい者スポーツが普及するにつれ、世界では勝敗や記録を争う競技性重視の傾向が強まってきました。パラリンピックでも、参加することから勝利することに重点がおかれ、標準記録をこえなければ大会の参加資格を得られないようになりました。

　そこで、日本の選手のレベル向上と記録公認のため、より競技性の高い競技別の大会を開くことになりました。それが、1991年からはじまった「ジャパンパラリンピック」（2012年から「ジャパンパラ競技大会」）です。日本障がい者スポーツ協会が各競技団体と共催し、競技向上と記録の更新を図ることを目的に、国内最高峰の競技大会として開催されています。

●実施競技

はじめは陸上競技と水泳のみだったが、1993年からアルペンスキー、クロスカントリースキー、アイススレッジスピードレース*、アイススレッジホッケー*が加わった。さらに1998年にはアーチェリー*、2014年にはゴールボールとウィルチェアーラグビーも加わっている。

＊現在、アイススレッジスピードレース、アイススレッジホッケー、アーチェリーの大会はおこなわれていない。

2014年のジャパンパラ競技大会からくわわったゴールボール（左）とウィルチェアーラグビー（右）。

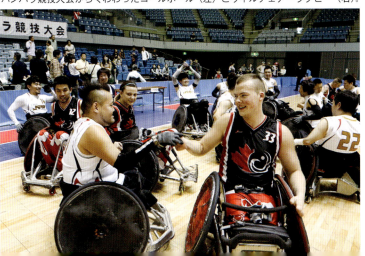

全国で1年間にこれだけ大会がおこなわれている！

　国内での障がい者スポーツ大会は、障がい別や競技別の全国的な大会として、全国各地でおこなわれています。日本障がい者スポーツ協会（JPSA）は、あらゆる障がいをもつ人たちのスポーツを統括する団体です。協会には、毎年3月に、さまざまな障がい者スポーツ組織から全国規模の国内大会の情報が寄せられます。2016年4月～2017年3月の1年間におこなわれる大会を地図にあらわすと、右のようになります。

毎年開催される「全国障害者スポーツ大会」は、障がい者スポーツの祭典といわれている。写真は2013年の東京大会の閉会式のようす。2016年は「希望郷いわて大会」と称されて岩手県で開催された。

● 全国でおこなわれている障がい者スポーツ大会（2016年度の例）

- ●第9回全国聴覚障害者学生柔道大会　12月24日　滋賀県大津市
- ●第25回記念障害者シンクロナイズドスイミングフェスティバル
  5月7日・8日　京都府京都市
- ●第28回全国車いす駅伝競走大会　3月12日　京都府京都市
- ●第29回岡山吉備高原車いすふれあいロードレース
  10月8日・9日　岡山県吉備中央町
- ●IPC公認第27回日本パラ陸上競技選手権大会
  4月29日～5月1日　鳥取県鳥取市
- ●第28回鳥取さわやか車いす＆湖山池マラソン大会
  9月10日・11日　鳥取県鳥取市
- ●第8回西日本視覚障害者ボウリング大会　7月17日　広島県広島市
- ●第30回全国ろうあテニス選手権大会　8月13日・14日　広島県広島市
- ●第7回パワーチェアフットボールブロック選抜大会
  （電動車椅子サッカー）9月3日・4日　広島県広島市
- ●第18回全日本ボッチャ選手権大会予選会
  7月9日・10日　山口県山口市
- ●第1回西日本障害者フットベースボール競技交流会
  9月17日・18日　山口県山口市
- ●第20回全国シニア選抜車椅子バスケットボール大会
  9月17日・18日　山口県山口市
- ●第13回西日本パラ・パワーリフティング選手権大会
  6月26日　福岡県北九州市
- ●第9回全日本肢体障害者ボウリング選手権大会（北九州大会）
  7月17日　福岡県北九州市
- ●第3回DIBF-APアジア太平洋デフバスケットボールクラブ選手権大会
  11月3日～10日　福岡県福岡市
- ●第33回日本身体障がい者水泳選手権大会
  11月12日・13日　福岡県福岡市西区
- ●第18回全日本ブロック選抜車椅子バスケットボール選手権大会
  11月18日・19日　福岡県北九州市
- ●第13回北九州チャンピオンズカップ国際車椅子バスケットボール大会
  11月18日～20日　福岡県北九州市
- ●第25回全国障がい者ボウリング大会
  2月18日・19日　福岡県福岡市
- ●第3回日本身体障害者アーチェリー連盟杯
  10月1日・2日　熊本県菊陽町
- ●大分パラ陸上2016
  4月9日・10日　大分県大分市
- ●第36回大分国際車いすマラソン大会
  10月29日・30日　大分県大分市
- ●第19回バリアフリーダイビング全国大会
  （スキューバダイビング＆マリンスポーツ）
  6月23日～26日　沖縄県那覇市
- ●2016FIDジャパン・ユースオープン
  卓球大会　10月15日・16日
  沖縄県那覇市

- 第50回全国ろうあ者体育大会（総合大会）
  9月15日〜18日　東北ブロック（山形、福島、青森、宮城、秋田）
- 第2回金沢マラソン　10月23日　石川県金沢市
- 第18回日本ボッチャ選手権大会　11月26日・27日　石川県金沢市
- 第12回長野車いすマラソン大会　4月16日・17日　長野県長野市
- FIDジャパン・チャンピオンシップバスケットボール大会（第21回）　8月6日・7日　長野県松本市
- 障害者シンクロナイズドスイミングソロ競技大会　11月19日　長野県長野市
- 2017日本知的障害者アルペンスキー選手権大会　1月28日・29日　長野県白馬村
- 2017全日本チェアスキーチャンピオンシップ　2月3日〜5日　長野県下高井郡山ノ内町
- 第3回全国障害者スノーボード選手権大会＆サポーターズカップ　3月11日・12日　長野県白馬村

- 第19回全日本障害者クロスカントリースキー競技大会　1月8日　北海道旭川市
- 第12回日本車椅子カーリング選手権大会　5月20日〜28日　青森県青森市
- 第16回全国障害者スポーツ大会「希望郷いわて大会」　10月22日〜24日　岩手県盛岡市他
- 2016全国障がい者オープンバドミントン交流大会　11月12日・13日　宮城県仙台市
- 文部科学大臣杯　第14回日本車椅子ハンドボール競技大会　11月12日・13日　宮城県仙台市
- 第20回全国視覚障害者ゴルフ競技会　6月5日・6日　福島県いわき市
- 第3回日本ID陸上競技ユース選手権大会　9月25日　福島県吾妻市
- かすみがうらマラソン　4月17日　茨城県土浦市・かすみがうら市
- 第19回日本デフゴルフ選手権大会　9月5日・6日　茨城県東茨城郡城里町
- 2016日本ろう者ランキングサーキット大会　11月5日・6日　茨城県つくば市
- 第39回全国ろうあ者卓球選手権大会　1月7日　埼玉県さいたま市
- さいたま市ノーマライゼーションカップ2017（ブラインドサッカー）　3月20日　埼玉県さいたま市
- 2016ジャパンパラウィルチェアーラグビー競技大会　5月19日〜22日　千葉県千葉市
- マーチン16パラセーリングチャレンジ　9月17日・18日　千葉県千葉市
- 第18回ウィルチェアーラグビー日本選手権　12月16日〜18日　千葉県千葉市中央区
- 内閣総理大臣杯争奪第44回日本車椅子バスケットボール選手権大会　5月3日〜5日　東京都渋谷区
- リオ2016パラリンピック日本代表候補選手選考大会（柔道）　5月4日　東京都文京区
- 全国ろうあ者卓球リーグ戦（卓球）　5月21日　東京都江東区
- 車いすテニス世界国別選手権　5月23日〜28日　東京都江東区
- 第15回アクサブレイブカップ　ブラインドサッカー日本選手権　7月9日・10日　東京都調布市
- 2016ジャパンパラゴールボール競技大会　7月22日〜24日　東京都足立区
- 第20回全国障害者高齢者フライングディスク競技大会　7月31日　東京都世田谷区
- 第15回全日本視覚障害者ボウリング選手権大会　10月1日・2日　東京都新宿区
- 第12回日本障がい者空手道競技大会（空手道）　10月15日　東京都足立区
- 全国ろうあ者卓球リーグ戦　10月15日　東京都江東区
- 2016日本ゴールボール選手権大会　11月26日・27日　東京都青梅市
- 第31回全日本視覚障害者柔道大会　11月27日　東京都文京区
- 第17回全日本パラ・パワーリフティング選手権大会　12月3日　東京都世田谷区
- 第2回日本IDハーフマラソン選手権大会　1月29日　東京都新宿区
- 2016FIDジャパン・チャンピオンシップ卓球大会（第19回）　6月25日・26日　神奈川県横浜市
- 第8回横浜市障害者空手道競技大会（空手道）　6月26日　神奈川県横浜市
- ジャパンデフビーチバレーボールカップ2016　8月6日　神奈川県川崎市
- 2016ジャパンパラ水泳競技大会　7月17日・18日　神奈川県横浜市
- 第6回日本アンプティサッカー選手権大会　10月1日・2日　神奈川県川崎市
- 2016FIDジャパン・チャンピオンリーグ卓球大会（第16回）　1月14日・15日　神奈川県横浜市
- 第4回ジャパンデフマスターズバレーボールカップ2016　11月23日　神奈川県川崎市
- 第18回ジャパンデフバレーボールカップ2017　2月24日〜26日　神奈川県川崎市
- 第17回日本IDフルマラソン選手権大会　11月27日　山梨県富士河口湖
- 平成28年度春季水泳記録会　3月5日　静岡県富士市
- 第11回名古屋オープンボウルズ2016（ローンボウルズ）　4月16日・17日　愛知県名古屋市
- 第29回日本車椅子ツインバスケットボール選手権大会　6月11日・12日　愛知県小牧市
- 2016日本ゴールボール選手権大会男子一次予選会　7月2日・3日　愛知県豊田市
- ひと・人・ヒトヨット大会2デイズin蒲郡（セーリング）　7月16日・17日　愛知県蒲郡市

- 第3回レオピン杯（サッカー）　5月14日・15日　大阪府大阪市
- 第21回IPC公認2016日本ID陸上競技選手権大会　7月17日・18日　大阪府東住吉区
- 第21回日本電動車椅子サッカー選手権大会　10月22日・23日　大阪府大阪市
- 第14回日本ろう者サッカー選手権　11月5日・6日　大阪府堺市
- 第8回国際クラス別パラ卓球選手権大会　11月19日・20日　大阪府大阪市
- スペシャルオリンピックス日本2016第1回全国ユニファイドサッカー大会　12月17日・18日　大阪府堺市
- 第13回日本ろう者バドミントン選手権大会　5月3日・4日　兵庫県神戸市
- 第24回全国身体障害者野球大会　5月21日・22日　兵庫県神戸市
- 第13回全日本障害者ローンボウル選手権大会　9月25日　兵庫県明石市
- 第28回全国車いすマラソン大会　9月25日　兵庫県篠山市
- 第24回全国障がい者馬術大会　10月28日〜30日　兵庫県三木市別所町
- 第27回全日本車椅子バスケットボール選手権大会　11月5日・6日　兵庫県神戸市
- 第18回全日本身体障害者野球選手権大会　11月5日・6日　兵庫県豊岡市
- 第20回全国シニア選抜車椅子バスケットボール大会　11月5日・6日　兵庫県神戸市

※日程は変更されている場合があります。

出典／日本障がい者スポーツ協会年間カレンダー（HP）より

【資料】日本障がい者スポーツ協会（JPSA）主催のいろいろな大会

厚生労働大臣杯争奪 全国身体障害者スキー大会	1971年にカナダでハンディースキーに出会い、アウトリガーを持ち帰った故笹川雄一郎氏により、翌年に長野県竜王スキー場にある笹川氏のロッジにハンディースキー愛好家が集まり、スキー技術の教えを受けたのが、第1回大会のはじまり。1984年以降は、おもに冬季国体開催の各地のスキー場で開催。優勝団体に厚生労働大臣杯が授与されている。
内閣総理大臣杯争奪 日本車椅子バスケットボール選手権大会	1970年にはじまった車椅子バスケットボール競技大会が、その後、日本車椅子バスケットボール連盟が設立された翌年（1976年）の5回大会から名称を日本車椅子バスケットボール選手権大会にかえ、さらに1978年の第7回大会からは内閣総理大臣杯を冠し、日本で最高峰の車椅子バスケットボール大会となった。
大分国際車いすマラソン大会	1981年に国際障害者年の記念行事としてはじまった。（→P13）
厚生労働大臣杯争奪 日本車椅子ツインバスケットボール選手権大会	1970年代の半ば、頸髄損傷者のためのバスケットボールがリハビリ施設で誕生。地域によってことなっていたルールを統一し、1987年に名称をツインバスケットボールとして、同年12月には統一ルールのもと、第1回日本車椅子ツインバスケットボールが開催された。
全国車いす駅伝競走大会	1988年に開催された第24回全国身体障害者スポーツ大会の公開競技として実施されたのち、1990年に名称を現在のものに変更して毎年開催されるようになった。
かすみがうらマラソン兼 国際盲人マラソン	IPC公認の国際盲人マラソン大会として1996年からかすみがうらマラソン大会と同時開催。（→P17）

左・内閣総理大臣杯争奪日本車椅子バスケットボール選手権大会
上・厚生労働大臣杯争奪日本車椅子ツインバスケットボール選手権大会
下・全国車いす駅伝競走大会

さくいん

あ

IAAFダイヤモンドリーグ……… 23
INASグローバル競技大会……… 18、19
INAS世界サッカー選手権……… 19
INAS世界選手権大会……… 19
IBSAブラインドサッカー世界選手権
……… 16、17
IBSAワールドゲームズ……… 16、17
IPC陸上競技大会……… 23
IPC陸上グランプリファイナル……… 23
IWAS世界大会（IWASワールドゲームズ）
……… 12
アジアパラ競技大会……… 24、25
アジアパラリンピック委員会……… 24、25
アジアパラリンピック評議会……… 25
アスリート……… 20、21
アメリカ……… 9、10、13、14、21
アントニオ・レボージョ……… 9
イギリス……… 4、6、7、8、9、11、15、23
幾島政幸……… 5
イスラエル……… 8
イタリア……… 8、10
エクアドル……… 18
大分国際車いすマラソン大会
……… 13、14、15、30
大分中村病院……… 13
オーストラリア……… 10
オーストリア……… 4、8、9
岡部歩乃佳……… 12
オランダ……… 8、9、18、19
オリンピック……… 6、7、9、10、12

か

かすみがうらマラソン兼国際盲人マラソン
……… 17、30
カナダ……… 8、11、21、30
韓国……… 7、9、11、17、25
希望郷いわて大会……… 28
ギリシャ……… 10
厚生労働大臣杯争奪全国身体障害者スキー大会……… 30
厚生労働大臣杯争奪日本ツインバスケットボール選手権大会……… 30

国際オリンピック委員会（IOC）
……… 5、7、9、10
国際車いす・切断者スポーツ連盟（IWAS）
……… 12
国際視覚障害者スポーツ連盟（IBSA）
……… 16、17
国際障害者年……… 13
国際身体障害者スポーツ機構（ISOD）
……… 8、9、12
国際ストーク・マンデビル競技大会
……… 8、15
国際ストーク・マンデビル競技連盟……… 9
国際ストーク・マンデビル車いす競技連盟（ISMGF）……… 12
国際ストーク・マンデビル大会委員会……… 8
国際知的障害者スポーツ連盟（INAS）
……… 18、19
国際調整委員会（ICC）……… 7、9
国際パラリンピック委員会（IPC）
……… 5、8、10、16、17、22、23
国際ろう者競技大会（ICSD）……… 4、5
国民体育大会……… 26
国立別府病院……… 14

さ

ジャパンパラ競技大会……… 27
ジャパンパラリンピック……… 27
スウェーデン……… 8
ストーク・マンデビル競技大会……… 6、7、12
ストーク・マンデビル病院……… 12、14
スペイン……… 9、10、16
スペシャルオリンピックス……… 20、21
スペシャルオリンピックス日本……… 21
世界身体障害者野球大会……… 22
世界バドミントン連盟……… 22
世界ろう者競技会……… 4、5
全国車いす駅伝競走大会……… 30
全国障害者スポーツ大会……… 26、27、28
全国身体障害者スポーツ大会……… 26
全国知的障害者スポーツ大会……… 26
ソビエト連邦（現・ロシア）……… 9

た

タイ……… 25
第13回国際ストーク・マンデビル競技大会
……… 7
太陽の家……… 15

中国……… 10、11、16、25
デフリンピック……… 4、5
ドイツ……… 4、9、23
東京オリンピック……… 7、15
東京パラリンピック……… 8、15、26
豊田まみ子……… 22
トロントリンピアード……… 8、25

な

内閣総理大臣杯争奪日本車椅子バスケットボール選手権大会……… 30
中村裕……… 13、14、15、24
西ドイツ……… 8
日本障がい者スポーツ協会（JPSA）
……… 27、28、30
ノルウェー……… 9、10

は

パラリンピック…… 5、6、7、8、9、10、
　11、12、15、16、17、19、22、
　23、24、25、27
フェスピック……… 15、24、25
フェスピック連盟……… 25
ブラジル……… 11、19
フランス……… 4、9、16
ボストンマラソン……… 13

ま

マレーシア……… 25
メキシコ……… 8

や

山本篤……… 23
ユニス・ケネディ・シュライバー……… 21
ユネスコ……… 16

ら

リハビリテーション（リハビリ）
……… 6、12、14、15
ルートヴィッヒ・グットマン…… 6、8、14
レーサー……… 13
ロサンゼルスオリンピック……… 7
ロシア……… 11、12

わ

ワールドカップ……… 19
ワールドチームカップ……… 22

■ **監修／大熊廣明（おおくま ひろあき）**
1948年、千葉県生まれ。1972年東京教育大学体育学部卒業。1976年東京教育大学大学院体育学研究科修了。現在、筑波大学名誉教授。共編著に『体育・スポーツの近現代－歴史からの問いかけ』（不昧堂出版）、監修に『体育・スポーツ史にみる戦前と戦後』（道和書院）、「しらべよう！かんがえよう！オリンピック」、「調べよう！考えよう！ 選手をささえる人たち」シリーズ（ともにベースボール・マガジン社）、「もっと知りたい図鑑 サッカーパーフェクト図鑑」（ポプラ社）などがある。

■ **編さん／こどもくらぶ（二宮祐子）**
「こどもくらぶ」は、あそび・教育・福祉の分野で、こどもに関する書籍を企画・編集しているエヌ・アンド・エス企画編集室の愛称。図書館用書籍として、以下をはじめ、毎年5～10シリーズを企画・編集・DTP製作している。これまでの作品は1000タイトルを超す。
http://www.imajinsha.co.jp/

■ **企画・制作・デザイン**
株式会社エヌ・アンド・エス企画
佐藤道弘

■ **文・編集協力**
村上奈美

■ **写真提供**（敬称略、順不同）
東京新聞（P10、11、26、28）
全日本ろうあ連盟（P4、5）
新居浜市（P12）
大分国際車いすマラソン大会事務局（P13）
社会福祉法人 太陽の家（P14、15）
日本ゴールボール協会（P16）
ブラインドサッカー協会（P17）
かすみがうらマラソン大会事務局（P17）
日本障がい者スポーツ協会（P18、19）
スペシャルオリンピックス日本（P20、21）
日本障がい者バドミントン連盟（P22）
エックスワン（P24、25、27）
日本車椅子バスケットボール連盟（P30）
日本車椅子ツインバスケットボール連盟（P30）
全国車いす駅伝競走大会実行委員会事務局（P30）
アフロ（P6、7、8、9、23）
TOKYO METROPORITAN GOVERNMENT（P2）

■ **表紙写真**
Press Association/アフロ

この本の情報は、2017年1月までに調べたものです。
今後変更になる可能性がありますので、ご了承ください。

大きな写真でよくわかる
障がい者スポーツ大百科❸ 国際大会と国内大会

初 版　第1刷　2017年2月23日

監　修　　大熊廣明
編さん　　こどもくらぶ
発　行　　株式会社 六耀社
　　　　　〒136-0082 東京都江東区新木場2-2-1
　　　　　電話　03-5569-5491　FAX　03-5569-5824
発行人　　圖師尚幸
印刷所　　シナノ書籍印刷株式会社

©Kodomo kurabu　NDC780　280×215mm　32P　ISBN978-4-89737-885-5　Printed in Japan 2017

落丁・乱丁本は、購入書店名を明記の上、小社営業部宛にお送りください。送料小社負担にて、お取り替えいたします。